TOERISTISCHE ATTRACTIES
IN BOTSWANA

(GIDSBOEK)

MOHAMMED ALI

ISBN: 9798386061494

TOEWIJDING

IK DRAAG DIT BOEK OP AAN MIJN LIEFDE MOEDER, MAMA FATIMAH EN MIJN VROUW (WARIHANA). IK WAARDEER IEDEREEN DIE DIT GEWELDIGE PRODUCT HEEFT INGEBRACHT.

Inhoudsopgave

INVOERING

Als je op zoek bent naar een toeristische attractie die je vertelt waar je op een leeuw kunt rijden en op de billen van een chimpansee of gorilla kunt slaan, dan is dit boek niets voor jou, want zo'n plek bestaat niet. BEDANKT VOOR HET BEGRIP EN MOGEN GOD JE ZEGENEN

BOTSWANA SINDS ONAFHANKELIJKHEID

Meer dan een halve eeuw geleden was Botswana een Assepoester onder de volkeren. Toen kwam de Fairy Godmother op bezoek en schonk haar het geschenk van diamanten. De daaruit voortvloeiende economische bloei veranderde Botswana in een van de rijkste landen van Afrika (gemeten naar het inkomen per hoofd van de bevolking). In 1966 werd het Britse protectoraat Bechuanaland onafhankelijk en omgedoopt tot Botswana, en de eerste democratische president, de internationaal gerespecteerde Sir Seretse Khama, leidde zijn land naar een vreedzame toekomst.

Botswana profiteerde van een snel groeiende economie in de jaren '70 en '80 en was in staat om de basisinfrastructuur voor mijnbouwontwikkeling en sociale basisvoorzieningen voor de bevolking uit te breiden. Er werden meer diamantmijnen geopend, tegen relatief gunstige inkomensvoorwaarden voor de staat. De BDP werd consequent herkozen met een grote meerderheid, hoewel het Botswana National Front (BNF; opgericht in 1965) een belangrijke bedreiging werd na 1969, toen 'tribale' conservatieven zich bij de socialisten in de BNF-rangen voegden en het 'burgerlijke' regeringsbeleid aanvielen.

Khama stierf in 1980 en werd opgevolgd door Quett Masire van de BDP, die sinds 1965 zijn plaatsvervanger was. internationale zorgen; tussen 1984 en 1990 leed Botswana onder onrust in Zuid-Afrika toen Zuid-Afrikaanse troepen de frontliniestaten binnenvielen. Bij twee aanvallen op Gaborone door het Zuid-

Afrikaanse leger in 1985 en 1986 kwamen 15 burgers om het leven. Maar een nieuw tijdperk in de Zuid-Afrikaanse betrekkingen brak aan nadat Namibië onafhankelijk werd in 1990, en de interne politieke veranderingen in Zuid-Afrika resulteerden in volledige diplomatieke betrekkingen met Botswana in 1994.

De economische expansie van voorgaande decennia vertraagde en keerde zelfs terug in het begin van de jaren negentig, maar herstelde zich binnen een paar jaar. Er waren echter nog andere problemen waarmee het land te maken had. Bij plunderingen en rellen, ongewoon gedrag in Botswana, kwam in 1995 één persoon om het leven. Hoewel de kennelijke oorzaak van het geweld de verontwaardiging was over de vrijlating van drie mensen die beschuldigd werden van de moord op een jong meisje, beweerden critici van de door de BDP geleide regering dat frustratie met sociale omstandigheden en de hoge werkloosheid waren de onderliggende redenen die de onrust aanwakkerden. Zorgwekkender was de aids-epidemie die in de jaren negentig in het land was geëxplodeerd, waardoor Botswana een van de hoogste besmettingspercentages ter wereld had. De regering reageerde agressief door het bewustzijn over hiv/aids te vergroten en door de inspanningen om de epidemie in te dammen, te coördineren. In het begin van de 21e eeuw werd Botswana het eerste Afrikaanse land dat alle burgers gratis hiv-antiretrovirale medicatie verstrekte.

Masire ging in 1998 met pensioen en werd opgevolgd door Festus Mogae van de BDP, een voormalig kabinetsminister en vice-president. Na BDP-overwinningen bij de verkiezingen van 1999 en 2004, werd

Mogae in 1999 door de Nationale Vergadering gekozen voor een volledige termijn als president en werd hij herkozen in 2004. Ondertussen begonnen in 1998 meer dan 2.400 vluchtelingen uit de Caprivistrook in Namibië naar Botswana te vluchten; sommigen waren Caprivische afscheidingsleiders die Namibië eiste om uitgeleverd te worden. Het besluit van Botswana om hen in plaats daarvan de vluchtelingenstatus te verlenen, leidde tot spanningen tussen de twee landen. De regering van Mogae kreeg ook te maken met wereldwijde kritiek op de verplaatsing van de Basarwa (San), die ook een probleem was geweest onder de regering van Masire. De redenen voor het verplaatsen van de Basarwa naar nederzettingen buiten het Central Kalahari Game Reserve (het voorouderlijk land van de Basarwa) en de methoden die werden gebruikt om de verplaatsing uit te voeren, bleven een bron van binnenlandse en internationale consternatie. Hoewel de Basarwa uiteindelijk het recht kregen om naar hun land terug te keren in een uitspraak van het Hooggerechtshof van Botswana in december 2006, bleven de Basarwa en de regering onenigheid over kwesties als jacht- en waterrechten.

Mogae ging in april 2008 met pensioen en werd opgevolgd door vice-president Ian Khama, een lid van de BDP en de zoon van de eerste president van Botswana, Seretse Khama. Bij de verkiezingen van 16 oktober 2009 behaalde de BDP een beslissende overwinning, breidde haar meerderheid in de Nationale Vergadering uit en verzekerde Khama zich van een volledige ambtstermijn als president; hij werd ingehuldigd op 20 oktober.

Onvrede binnen de BDP leidde ertoe dat verschillende leden de partij verlieten om in 2010 hun eigen partij op te richten, de Botswana Movement for Democracy (BMD). Verschillende oppositiepartijen, waaronder de BMD, verzamelden zich in de aanloop naar de verkiezingen van 2014 om de Paraplu voor democratische verandering (UDC). Die organisatie van de oppositie vormde een ongekende uitdaging voor de langdurig regerende BDP, maar de BDP zegevierde bij de verkiezingen van 24 oktober 2014. De BDP, die 37 zetels behaalde, behield een meerderheid in de Nationale Assemblee, hoewel ze er minder won. zetels dan bij vorige verkiezingen. De UDC won 17 zetels en de Botswana Congress Party won 3 zetels. Khama werd door het wetgevende lichaam gemakkelijk herkozen voor een nieuwe termijn als president.

Op de manier van zijn voorganger ging Khama met pensioen na 10 jaar president te zijn geweest. Hij trad af op 31 maart 2018 en werd opgevolgd door vice-president en mede-BDP-lid Mokgweetsi Masisi, die op 1 april werd ingehuldigd. De betrekkingen tussen Khama en Masisi verslechterden echter al snel. Een maand nadat hij was ingehuldigd, ontsloeg Masisi Isaac Kgosi, de chef van de inlichtingendienst en Khama's bondgenoot, wat de voormalige president boos maakte. Dit zou de eerste zijn van verschillende verschillen tussen Masisi en Khama en zijn bondgenoten en beleid, waardoor Khama in mei 2019 formeel de BDP zou verlaten en zijn steun zou geven aan een nieuwe partij, het Botswana Patriotic Front (BPF) en de UDC-coalitie.

De National Conservation Strategy and Tourism Policy van de regering van

Botswana is in het leven geroepen om het toerisme te promoten en tegelijkertijd natuurgebieden te beschermen. Burgers van de Verenigde Staten, Zuid-Afrika, landen van het Britse Gemenebest en de meeste West-Europese landen hebben geen visum nodig voor een verblijf van minder dan 91 dagen. Paspoorten zijn vereist voor reizen in het land. Bewijs van vaccinaties tegen gele koorts en cholera zijn vereist voor toeristen uit besmette gebieden.

Het World Economic Forum-rapport over Travel and Tourism Global Competitiveness rangschikte Botswana als 88 van de 141 landen in de Travel and Tourism Competitiveness Index 2015. Hetzelfde rapport prees de attracties van Botswana, en de lage waardering was te wijten aan de uitdagingen waarmee toeristen worden geconfronteerd, waaronder een gebrek aan

toegang tot moderne technologieën,
slechte wegen en communicatie.

DE OKAVANGO-DELTA

De Okavango-delta is een enorm en gevarieerd ecosysteem dat is ontstaan terwijl de Okavango-rivier uitmondt in de Kalahari-woestijn in Botswana. Dit werelderfgoed is rijk aan dieren in het wild en is een toevluchtsoord voor enkele van 's werelds meest bedreigde dieren en vogels.

De Okavango Delta is een uniek pulserend wetland. Meer correct een alluviale waaier, de delta beslaat tussen de 6 en 15.000 vierkante kilometer van de Kalahari-woestijn in het noorden van Botswana en dankt zijn bestaan aan de Okavango (Kavango) rivier die stroomt van de Angolese hooglanden, over de Caprivistrook van Namibië en in de ruige Kalahari-woestijn .

Elk jaar loost de Okavango-rivier ongeveer 11 kubieke kilometer ($1,1 \times 10^{13}$ liter) water in de Okavango-delta. Het meeste van dit water gaat verloren door transpiratie door planten (60%) en door verdamping (36%), waarbij slechts 2% doorsijpelt in het aquifersysteem en de rest stroomt uiteindelijk in Lake Ngami.

De Okavangodelta wordt getroffen door seizoensgebonden overstromingen waarbij overstromingswater uit Angola de Delta bereikt tussen maart en juni, met een piek in juli. Deze piek valt samen met het droge seizoen van Botswana, wat resulteert in grote migraties van wild uit het droge achterland.

Over het algemeen vlak, met een hoogteverschil van minder dan twee meter over het hele gebied, bestaat het droge land in de Okavangodelta voornamelijk uit talloze kleine eilanden, gevormd wanneer de vegetatie wortel schiet op termietenheuvels, maar er zijn grotere eilanden met Chief's Island, het grootste, gevormd op een tektonische breuklijn.

De Okavango Delta, de 1000e plek die in 2014 op de Werelderfgoedlijst van UNESCO werd geplaatst, is een belangrijk natuurgebied dat wordt beschermd door zowel het Moremi Game Reserve, aan de oostelijke rand, als de talrijke natuurconcessies in Ngamiland.

Een oase in een verder droge omgeving, de Okavango Delta staat bekend om zijn fantastische dieren in het wild, met grote populaties zoogdieren en uitstekende vogels, vooral in het broedseizoen.

De Okavango Delta, in het centrum van de safari-industrie van Botswana, beschikt over enkele van de beste kampen van Afrika, zoals Mombo Camp, Duba Plains Camp, Vumbura Camp, Xigera Camp, Abu Camp, Sandibe Camp en nog veel meer.

HET LAND
EEN VAN 'S WERELDS GROTE WETLANDS

De Okavangodelta ligt in het noordwesten van Botswana. De Okavangodelta maakt deel uit van het Great East African Rift Valley-systeem en wordt gevormd terwijl de Okavango-rivier vanuit de Angolese hooglanden de Kalahari-woestijn binnenstroomt, waardoor een uniek wetland ontstaat, een enorme oase die het ritme van de regio bepaalt met zijn jaarlijkse pulsen.

Er is minder dan 2 meter hoogteverschil over de gehele lengte van 250 kilometer van de Delta: het is deze bijna volledige afwezigheid van topografische reliëf die leidt tot de vorming van de talloze waterwegen die deel uitmaken van de Delta. De enorme hoeveelheden water die in een bijna vlakke woestijn stromen, resulteren in een doolhof van kronkelende kanalen, oxbowemeren, eilanden en uiterwaarden. Het water wordt uiteindelijk in zijn lugubere voortgang gestopt door een breuklijn. Het is echt een landschap als geen ander.

Jaarlijks stroomt er ongeveer 11 kubieke kilometer de Delta in. Het water stroomt continu de Delta in en voert de regenval in de zomer (januari tot februari) uit de Angolese hooglanden af. Tussen maart en juni vindt in Botswana een stormvloed plaats van maar liefst 1200 kilometer per maand. Het is in deze tijd dat de Okavango Delta op zijn grootst is. De hoge temperaturen in de regio zorgen voor snelle transpiratie en verdamping, wat resulteert in een cyclus van stijgende en dalende waterstanden.

Als een van de weinige waterbronnen tijdens de droge periode trekt de Okavangodelta duizenden dieren aan en is het een van Afrika's grootste concentraties wilde dieren. Het ware wonder van deze oase in de woestijn is dat het overstromingswater verschijnt net wanneer het regenseizoen voorbij is en water en voedsel schaars worden in de regio. De wateren van de jaarlijkse overstroming zijn werkelijk wateren van het leven, resulterend in: "…..een buitengewone nevenschikking van een levendig wetland in een droog landschap en de wonderbaarlijke transformatie van enorme zanderige, droge en bruine depressies door overstromingen in het winterseizoen veroorzaakt spectaculaire natuurvertoningen : grote kuddes Afrikaanse olifanten, buffels, rode lechwe, zebra's en andere grote dieren die spetteren, spelen en drinken in het heldere water van de Okavango nadat ze het droge herfstseizoen of hun wekenlange migratie door de Kalahari-woestijn hebben overleefd." (UNESCO)

Eenmaal in de Delta gaat water verloren door transpiratie door planten (60%), verdamping (36%), percolatie in het aquifersysteem (2%) en uiteindelijk stroomt 2% uit in Lake Ngami.

De eilanden van de Delta beginnen meestal als termietenheuvels (70%) en hebben vaak witte plekken in het midden waar het hoge zoutgehalte van de eilanden zich verzamelt. Dit proces zorgt ervoor dat de eilanden giftig worden en bomen in het midden afsterven. Zie Vorming: De eilanden van de Okavango

In het midden van de Delta ligt Chief's

Island, het grootste eiland in de Delta. Chief's Island werd gevormd door een breuklijn die een 70 x 15 km breed gebied optilde. Overvloedig aan dierenleven, was het ooit gereserveerd als jachtgebied voor het opperhoofd en vormt het nu een veilig toevluchtsoord voor de aanwezige dieren in het wild wanneer het water stijgt.

INTERNATIONALE ERKENNING

Het ecologische belang en de 'uitstekende universele waarde' van de Okavangodelta is erkend door UNESCO en de RAMSAR-conventie. De Okavangodelta werd in 1996 uitgeroepen tot wetland van internationaal belang en in 2016 tot werelderfgoed.

Samen hebben deze internationale organisaties tot doel de toekomst van dit unieke en gevoelige ecosysteem te beschermen.

DE MENSEN

De toekomst van de Okavango Delta hangt af van haar mensen en hoe ze ervoor kiezen om deze unieke omgeving te behouden, waarbij ze de behoeften van het wild in evenwicht brengen met die van hen terwijl ze overgaan van een traditionele levensstijl naar een levensstijl die verband houdt met moderne economie en grondstoffen. Veel van de mensen die in deze regio wonen, zijn recente immigranten van elders in Botswana, wat leidt tot een bevolking die divers is qua karakter en afkomst.

Zeer weinig mensen wonen zelf in de wetlands en de meesten wonen in steden en dorpen aan de rand. Demografische informatie wordt dus geaggregeerd voor Ngamiland.

De vroege menselijke associatie met de Okavangodelta is gehuld in legendes, waarvan een groot deel uit het mondelinge verslag. Sites zoals de Tsodilo-heuvel, versierd met meer dan 4 000 rotsschilderingen, worden door verschillende volkeren geclaimd, waaronder de Hambukushu, Bugakhwe en Xanikwe, bijvoorbeeld.

Uit archeologische archieven blijkt duidelijk dat het noorden van Botswana de afgelopen 100.000 jaar bezet is geweest en hoogstwaarschijnlijk nog veel langer daarvoor. Bewijs van deze vroege bewoning is gevonden op veel locaties rond de Okavangodelta en er kan worden aangenomen dat alle gebieden tussen deze locaties op verschillende tijdstippen bezet waren. De natuurlijke hulpbronnen van de Delta, wild, vis en zelfs water, zouden van vitaal belang zijn geweest voor degenen die hier woonden met mensen die verder weg woonden en excursies maakten om voedsel te verzamelen in het wetland.

De eerste bewoners van de Delta zouden jager-verzamelaars zijn geweest, misschien wel de voorouders van de huidige Bosjesmannen, San of Basarwa. Deze populaties zouden klein zijn geweest, zich wijd en vaak verplaatsend op zoek naar het levensonderhoud van wilde dieren en planten.

Met de introductie van veeteelt en akkerbouw door vroege Bantu-mensen werden permanente nederzettingen gesticht. Deze eerste boeren waren, direct of indirect, de voorvaderen van de BaKgalagadi, Wayeyi en Hambukushu, Dxeriku, Herero en Tawana, hoewel sommige van deze groepen zich mogelijk recenter in het gebied hebben gevestigd.

De geschiedenis van de mensen in de Delta wordt gekenmerkt door frequente migratie, omdat mensen naar nieuwe bronnen van natuurlijke hulpbronnen en economische kansen trokken of om te ontsnappen aan ziekten, zowel vee als mensen, conflicten, droogte of overstromingen.

Het Tawana-volk, bijvoorbeeld, kwam oorspronkelijk Ngamiland binnen op jachttochten en vestigde hun eerste nederzettingen rond 1800. In de loop van de volgende 100 jaar verhuisden ze hun hoofdstad niet minder dan acht keer met hun laatste verhuizing naar Maun in 1915. Veeziekte heeft een rol gespeeld rol in de bevolkingsdynamiek van Ngamiland met de runderpestepidemie van 1896 die de veestapel decimeerde en slaapziekte in de jaren 40 en 50, wat leidde tot het verlaten van verschillende dorpen in de Delta.

Historisch gezien hebben conflicten een rol gespeeld in de bevolkingsdynamiek van de regio met invallen door de Matabele in de tweede helft van de 19e eeuw, waardoor de inwoners van veel nederzettingen moesten vluchten. De Duits-Herero-oorlog van 1904 - 1906 leidde ertoe dat veel Herero-mensen naar Ngamiland vluchtten. Meer recentelijk, in 1969 en 1970, is het Hambukushu-volk verplaatst naar de Etsha-nederzettingen van de panhandle om het conflict in Angola te ontwijken.

De meer geleidelijke en minder dramatische migraties als gevolg van de aantrekkingskracht van nieuwe hulpbronnen of economische kansen zijn niet zo goed gedocumenteerd en deze bewegingen gaan tot op de dag van vandaag door met grote aantallen mensen die naar stedelijke gebieden verhuizen.

In een gebied dat vatbaar is voor wisselende regenval en overstromingen met natuurlijke hulpbronnen, verspreid over uitgestrekte gebieden, moesten mensen veelzijdig zijn met gezinnen met verschillende inkomstenbronnen. Activiteiten varieerden ook tussen de seizoenen of van jaar tot jaar, afhankelijk van overstromingen, toegang tot hulpbronnen, arbeid en kapitaal.

WILD

De fauna van de Okavango Delta is gevarieerd en overvloedig dankzij de rijke ecosystemen en bescherming. De Okavango-delta ondersteunt grote concentraties dieren, zowel permanent als seizoensgebonden. Door zorgvuldig natuurbeheer is het misschien wel een van de beste plekken in Afrika geworden om dieren in het wild te zien.

Er is een dynamische seizoensverschuiving van dieren tussen het droge gebied dat de delta omringt en de Okavangodelta zelf. Tijdens het natte seizoen trekken de meeste grote dieren weg van de delta om te profiteren van de weelderige begrazing eromheen. Als deze begrazing in de winter begint te sterven, trekken de dieren terug naar de delta.

Wildlife van de Okavango Delta omvat een groot aantal soorten, waaronder Afrikaanse bosolifant, Afrikaanse buffel, nijlpaard, lechwe, topi, blauwe gnoe, giraffe, nijlkrokodil, leeuw, jachtluipaard, luipaard, bruine hyena, gevlekte hyena, grote koedoe, sabelantilope, Zwarte neushoorn, witte neushoorn, vlakteszebra, wrattenzwijn en Chacma-baviaan. Met name de met uitsterven bedreigde Afrikaanse wilde hond overleeft nog steeds in de Okavangodelta en vertoont een van de rijkste roedeldichtheden in Afrika.

Naast de grote dieren omvat de fauna van de Okavango Delta meer dan 500 vogelsoorten en 85 geregistreerde vissoorten, waaronder Tigerfish, Tilapia en Catfish.

DE DIVERSITEIT VAN DE OKAVANGO DELTA

De ongelooflijk gevarieerde en rijke ecosystemen in en rond de Okavangodelta trekken een verbluffende verscheidenheid aan dieren in het wild aan. Het is de ongelooflijke verscheidenheid en concentratie van dieren en vogels die het de reputatie heeft opgeleverd als een van de beste safaribestemmingen in Afrika.

CHOBE NATIONAAL PARK

Chobe National Park is het eerste nationale park van Botswana en tevens het biologisch meest diverse. Gelegen in het noorden van het land, is het het op twee na grootste park van Botswana, na Central Kalahari Game Reserve en Gemsbok National Park, en heeft het een van de grootste wildconcentraties in heel Afrika.

Dit park staat bekend om zijn leeuwenpopulatie die op olifanten jaagt, meestal kalveren of jonge exemplaren, maar ook volwassenen.

GESCHIEDENIS

De oorspronkelijke bewoners van dit gebied waren de San Bosjesmannen (ook bekend als het Basarwa-volk in Botswana). Het waren nomadische jagers-verzamelaars die constant van plaats naar plaats trokken om voedselbronnen te vinden, namelijk fruit, water en wilde dieren. Tegenwoordig zijn er schilderijen van San te vinden in de rotsachtige heuvels van het park.

Aan het begin van de 20e eeuw werd de regio die Botswana zou worden opgedeeld in verschillende landeigendomsstelsels. In die tijd was een groot deel van het parkgebied geclassificeerd als kroonland. Het idee van een nationaal park dat de gevarieerde lokale fauna zou beschermen en het toerisme zou bevorderen, werd voor het eerst voorgesteld in 1931. Het jaar daarop werd 24.000 km2 (9.300 vierkante mijl) rond het Chobe-district officieel uitgeroepen tot niet-jachtgebied, en dit gebied werd uitgebreid. tot 31.600 km2 (12.200 vierkante mijl) twee jaar later.

In 1943 vonden er in de hele regio zware tseetseegevallen plaats, waardoor de oprichting van het nationale park werd vertraagd. In 1953 kreeg het project opnieuw aandacht van de overheid: er werd voorgesteld om 21.000 km2 (8.100 vierkante mijl) een wildreservaat te worden. Chobe Game Reserve werd officieel opgericht in 1960, hoewel kleiner dan aanvankelijk gewenst. In 1967 werd het reservaat uitgeroepen tot nationaal park.

In die tijd waren er verschillende industriële nederzettingen in de regio, vooral in Serondela, waar de houtindustrie zich snel verspreidde. Deze nederzettingen werden geleidelijk uit het park verplaatst en pas in 1975 werd het hele beschermde gebied vrijgesteld van menselijke activiteit. Tegenwoordig zijn de sporen van de vroegere houtindustrie nog steeds zichtbaar in Serondela. Kleine uitbreidingen van het park vonden plaats in 1980 en 1987.

Het park kan worden onderverdeeld in maximaal 4 gebieden, die elk overeenkomen met een afzonderlijk ecosysteem:

Het Serondela-gebied (of Chobe-rivierfront), gelegen in het uiterste noordoosten van het park, heeft als belangrijkste geografische kenmerken weelderige uiterwaarden en dichte bossen van Afzelia quanzensis, Baikiaea plurijuga en ander hardhout dat nu grotendeels is verminderd door de zware druk van olifanten. De Chobe-rivier, die langs de noordoostelijke grens van het park stroomt, is een belangrijke drinkplaats, vooral in het droge seizoen van mei tot oktober, voor grote kuddes Afrikaanse bosolifanten, families van Angolese giraffen, sabelantilopen en Afrikaanse buffels. De uiterwaarden zijn de enige plek in Botswana waar de puku-antilope te zien is. In het seizoen worden grote aantallen zuidelijke karmijnrode bijeneters gespot. Bij overstromingen trekken Afrikaanse lepelaars, ibis, verschillende soorten ooievaars, eenden en andere watervogels naar het gebied. Dit is waarschijnlijk Chobe's meest bezochte gedeelte, grotendeels vanwege de nabijheid van de Victoriawatervallen in Zambia. De stad Kasane, net stroomafwaarts gelegen, is de belangrijkste stad van de regio en dient als de noordelijke ingang van het park.

Het Savuti Marsh-gebied, 10.878 km2 (4.200 vierkante mijl) groot, vormt het westelijke deel van het park (50 km (31 mijl) ten noorden van Mababe Gate). Het Savuti-moeras is het overblijfsel van een groot binnenmeer waarvan de watertoevoer lang geleden werd afgesloten door platentektoniek. Tegenwoordig wordt het moeras gevoed door het grillige Savuti-kanaal, dat gedurende lange perioden opdroogt en dan merkwaardig genoeg weer stroomt als gevolg van tektonische activiteit in het gebied. Het stroomt momenteel weer en bereikte in januari 2010 voor het eerst sinds 1982 Savuti Marsh. Als gevolg van deze variabele stroom zijn er honderden dode bomen langs de oever van het kanaal. De regio is ook bedekt met uitgestrekte savannes en glooiende graslanden, waardoor de natuur in dit deel van het park bijzonder dynamisch is. Tijdens droge seizoenen worden zowel zwarte als witte neushoorns, wrattenzwijnen, koedoes, impala's, Burchell's zebra's, blauwe gnoes en een kudde olifanten gezien. Tijdens regenseizoenen is het rijke vogelleven van 450 soorten vertegenwoordigd. Trots leeuwen, hyena's, zebra's of meer zelden

Zuidoost-Afrikaanse cheeta's worden ook waargenomen. Deze regio staat bekend om zijn jaarlijkse migratie van zebra's en roofdieren.

Het Linyanti-moeras, gelegen in de noordwestelijke hoek van het park en ten noorden van Savuti, grenst aan de Linyanti-rivier. Ten westen van dit gebied ligt het Selinda-reservaat en aan de noordelijke oever van de Kwando-rivier ligt het Nkasa Rupara National Park in Namibië. Rondom deze twee rivieren liggen rivierbossen, open bossen en lagunes, en de rest van de regio bestaat voornamelijk uit uiterwaarden. Er zijn grote concentraties leeuwentroepen, Afrikaanse luipaarden, Afrikaanse wilde honden, roanantilopen, sabelantilopen, een nijlpaardpod en kuddes Afrikaanse bosolifanten. De zeldzamere rode lechwe, sitatunga en een koets van Nijlkrokodillen komen ook voor in het gebied. De diversiteit aan vogels is rijk.

Tussen Linyanti en Savuti Marshes ligt een heet en droog achterland, voornamelijk bezet door het Nogatsaa-grasbos. Dit gedeelte is weinig bekend en is een geweldige plek om elandantilopen te spotten.

NOORDELIJKE TULI WIELRESERVE / TULI BLOK

Tuli Block is het best bewaarde geheim van Botswana. Een alliantie van verschillende concessies vormt een van de grootste privé-wildreservaten in zuidelijk Afrika.

Het Tuli Block ligt in het oosten van Botswana in een smalle strook langs de Limpopo-rivier in het drielandenpunt van Botswana, Zuid-Afrika en Zimbabwe. Het grootste deel van het land was vroeger landbouwgrond en is nog steeds in particulier bezit, hoewel het nu toeristisch is ontwikkeld als privé-wildreservaat genaamd 'Northern Tuli Game Reserve'. Dit gebied binnen het Tuli Block bestaat uit verschillende, particuliere reservaten, zogenaamde concessies.

De grootste daarvan is het Mahatsu Game Reserve (450 km²). Andere wildreservaten zijn het Nitani Private Game Reserve en het kleinere Tuli Game Reserve (75 km²).

KAART

Attracties van het Northern Tuli Game Reserve

Het 'Northern Tuli Game Reserve' heeft zich de afgelopen jaren ontwikkeld tot een belangrijke safaribestemming. Praktisch ingeklemd tussen Zuid-Afrika en Zimbabwe verschilt het landschap enorm van de andere typische safarigebieden in Botswana: Hier heb je echte landschappen, terwijl de rest van Botswana vrij vlak is. Het ,Northern Tuli Game Reserve is rotsachtig met grote rotsformaties en kloven, veel grote en oude bomen en Insel Mountains. Dit alles, evenals de grootste olifantenpopulatie op privéland (ca. 1200) gaf het gebied de naam Land of Giants'.

De olifantenkuddes worden gezien als 'relaxt' en men kan zonder gevaar dicht bij het familielid van de juvenielen komen. Behalve olifanten is het bekijken van andere grote zoogdieren uitstekend, bijvoorbeeld giraffen, waterbokken en elanden. Het ,Northern Tuli Game Reserve staat ook bekend als het beste gebied om luipaarden te zien. Maar ook leeuwen, cheeta's en hyena's verzamelen zich om zich te voeden met de overvloed aan antilopen.

Het afgelegen Tuli Block is het hele jaar door een reisbestemming. Tijdens de droge wintermaanden trekt de groene vegetatie zich terug en biedt het goede mogelijkheden om wild te spotten bij de waterpoelen, vooral met betrekking tot de schuwe luipaard. Tijdens de vochtige en warme zomermaanden komen niet alleen gepassioneerde vogelaars aan hun trekken.

Ook historisch of eerder archeologisch gezien is het Tuli Block interessant. De Solomon's Wall, een 30 meter hoge en 10 meter brede basaltrots is zeer fotogeniek. In het hele Northern Tuli Game Reserve zijn archeologische vondsten uit het stenen tijdperk, de ijzertijd en de moderne tijd ontdekt. Rotskunsten van de San kunnen worden bezocht in het Motlhabaneng-gebied.

Algemeen

Gelegen in het oosten van Botswana, grenzend aan Zuid-Afrika en Zimbabwe, is het Tuli Block een minder bekend natuurgebied. De belangrijkste attractie is het Northern Tuli Game Reserve, dat deel uitmaakt van een grensoverschrijdend beschermd gebied, maar er zijn een paar privéreservaten buiten het Northern Tuli Game Reserve die ook goede dieren in het wild hebben.

Plaats

Vanuit Zuid-Afrika is de toegang via Pont Drift, Platjan of Zanzibar grensposten - die allemaal onbegaanbaar kunnen zijn als het waterpeil in de rivier hoog is. Als deze grenzen gesloten zijn, is de dichtstbijzijnde grenspost Martin's Drift in het zuiden.

Je kunt via Bobonong van Phikwe naar Palapye reizen

Tuli Game Reserve), of via Sefophe of Sherwood (voor de privéreservaten).

Dieren in het wild

Oost-Botswana is heel anders met mopane bossen en rotsachtige ontsluitingen maken plaats voor rivierbos langs de Limpopo-rivier. Er is hier een gezonde olifantenpopulatie en dieren zoals giraffen, zebra's en verschillende antilopen. De rotsachtige ontsluitingen zijn leefgebied voor Klipspringer, Baviaan, Rock Dassie en Leopard, terwijl de verlegen bosbok langs de Limpopo te zien is. In de noordelijke Tuli komen leeuwen, hyena's en wilde honden voor, hoewel deze niet omheind zijn

roofdieren zijn ook te zien in de omliggende reservaten.

Het vogelleven is uitstekend met trekvogels zoals de Zuidelijke Carmine Bee-eter en Broadbilled Roller gezien. Langs de rivier zie je watervogels zoals Goliath Heron en Black

Crake, terwijl het rivierbos het leefgebied is van Afrikaanse groene duif en zwarthalsbaardvogel.

Accommodatie

Er is een scala aan accommodaties beschikbaar, van kampeer- en zelfstandige chalets tot chique lodges. Op sommige van de privé-reservaten zijn self-drives toegestaan, maar in de Northern Tuli kunnen gamedrives alleen worden gedaan via de lodges zelf.

TSODILO HEUVELS

De magnetische kracht van Tsodilo Hills, dramatisch oprijzend uit de Kalahari-struikstruik, boeit en verbijstert. Er is onmiskenbaar spiritualisme over de heuvels dat elke bezoeker onmiddellijk opvalt. Tsodilo is een heilige, mystieke plek waar de geesten van de voorouders van de San, de oorspronkelijke bewoners, en de Hambukushu, die de afgelopen 200 jaar periodiek de heuvels hebben bezet, verblijven. Hun voorouders voerden hier rituelen uit om hulp en regen te vragen. Ze plaatsten ook schilderijen op de rotswand, waarvan de betekenis en symboliek tot op de dag van vandaag een mysterie blijft.

Het verkennen van de drie centrale heuvels - man, vrouw en kind - is een reis naar de oudheid. Archeologisch onderzoek – dat al

30 jaar aan de gang is – schat dat Tsodilo de afgelopen 100.000 jaar bewoond is geweest, waardoor dit een van 's werelds oudste historische locaties is. Aardewerk, ijzer, glaskralen, schelpkralen, gebeeldhouwd bot en stenen werktuigen dateren van meer dan 90.000 jaar geleden.

De site uit de vroege ijzertijd in Tsodilo, genaamd Divuyu, dateert uit tussen 700 en 900 na Christus. Bevindingen op deze site onthullen dat Bantu-mensen al meer dan 1000 jaar dicht bij de heuvels leven, waarschijnlijk afkomstig uit Centraal-Afrika. Het waren veehouders die zich op het plateau vestigden en handelden in koperen sieraden uit Congo, schelpen uit de Atlantische Oceaan en glaskralen uit Azië, waarschijnlijk in ruil voor speculariet en bont. Er was veel interactie tussen verschillende groepen en er waren uitgebreide handelsnetwerken.

Opgravingen onthullen ook meer dan 20 mijnen die speculariet hebben geëxtraheerd - een glinsterend ijzeroxidederivaat dat vroeger als cosmetisch middel werd gebruikt.

Rotstekeningen zijn bijna overal te zien - ze vertegenwoordigen duizenden jaren menselijke bewoning. Ze behoren tot de mooiste en belangrijkste regio's. Er zijn er in totaal ongeveer 4.000, bestaande uit rode vingerschilderingen en geometrieën. Het is vrijwel zeker dat de meeste schilderijen zijn gemaakt door de San, en sommige zijn geschilderd door de pastorale Khoe-mensen die zich later in het gebied vestigden. De rode schilderijen werden voornamelijk in het eerste millennium na Christus gemaakt.

Twee van de beroemdste afbeeldingen zijn de neushoornpolychromen en het Eland-paneel, de laatste gelegen op een hoge klif met uitzicht op de Afrikaanse wildernis. De ontoegankelijkheid van veel schilderijen kan inderdaad verband houden met hun religieuze betekenis.

Het feit dat Tsodilo geografisch gescheiden is van alle andere rotskunstsites in zuidelijk Afrika draagt bij aan de magische uitstraling. De dichtstbijzijnde bekende locatie is 250 kilometer verderop. Wat meer is, de schilderijen in Tsodilo zijn over het algemeen anders dan andere in de Zuid-Afrikaanse regio - zowel qua stijl als qua voorkomen van specifieke afbeeldingen. Velen zijn geïsoleerde figuren, en meer dan de helft verbeelden wilde en gedomesticeerde dieren. Er is een hogere incidentie van huisdieren dan op andere locaties in Zuidelijk Afrika. Sommige zijn scènes, maar weinigen lijken een verhaal te vertellen. Velen zijn geschetste schematische ontwerpen en geometrische patronen.

Het gebied omvat vele wandelpaden, waaronder de Rhino Trail, Lion Trail en Cliff Trail, die ideaal zijn voor bezoekers om het landschap in zich op te nemen en de rotsschilderingen te bekijken. Zowel San als Hambukushu wonen in de buurt van de heuvels en gidsen uit hun dorpen kunnen gemakkelijk worden geregeld.

Tsodilo Hills is in 2002 uitgeroepen tot UNESCO-werelderfgoed en omvat een museum, administratiegebouwen, een hoofdcamping en wassingen, en drie kleinere campings zonder service in de buurt.

Hoogtepunten van activiteiten Tsodilo Hills omvatten het volgende:

Hiking
Rotskunst bekijken

Rondleiding door het Tsodilo-museum
Op cultuur gebaseerde activiteiten zoals traditionele zang en dans, met de nabijgelegen gemeenschap, Basarwa (vooraf afgesproken)

NATIONAAL PARK NXAI PAN

Het Nxai Pans National Park ligt ten
noorden van het Makgadikgadi Pans
National Park. Het park wordt gedomineerd
door grote zoutpannen, die vooral tijdens
en na het regenseizoen grote kuddes dieren
aantrekken.

De fascinerende landschappen, een groep
van zeven machtige baobabbomen - de
beroemde Baines Baobabs - en een
waterpoel die vaak wordt bezocht door een
troep leeuwen zijn de belangrijkste
hoogtepunten van het Nxai Pans National
Park.

Het park ontleent zijn naam aan een
gebogen stok 'Nxa', waarmee de San
springhazen uitgraven en waar de vorm van

het park op lijkt. Het gebied van het park behoort tot het woongebied van de San (Bosjesmannen).

Kaart
Locatie en oorsprong van het Nxai Pans National Park

Ten noorden van het Makgadikgadi Pans National Park ligt het Nxai Pans National Park, alleen gescheiden door de weg die Nata en Maun met elkaar verbindt. Beide parken delen ongeveer 100 km een grens langs deze straat.

De geologische formatie van de Nxai National Parks gaat hand in hand met de vorming van het Makgadikgadi National Park. De pannen zijn gevormd toen het prehistorische Makgadikgadi-meer opdroogde. Het Nxai National Park heeft twee hoofdpannen, de Nxai Pan en de Kudiakam Pan in het zuiden. In de jaren 1950 tot 1963 werden veekuddes door het park gedreven op de zogenaamde Old Trek. Deze route werd afgesneden door de oprichting van de vetenaire omheining ter bestrijding van mond- en klauwzeer.

In 1970 werd een gebied van 1676 km² rond de Nxai Pan uitgeroepen tot wildreservaat. In 1992 werd de Kudiakam Pan toegevoegd, waardoor de oppervlakte van het reservaat toenam tot 2578 km² en de status veranderde in nationaal park, waar nu ook de zeven gigantische baobabs, de Baines Baobabs, onder vielen.

Dieren in het wild en attracties in het Nxai Pans National Park

Het Nxai Pans National Park ligt op de trekroute van grote kuddes dieren die zich verplaatsen tussen de Okavango Delta, het

Hwange National Park in Zimbabwe en de graslanden in en rond het Magkgadikgadi Pans National Park. Leeuwen, giraffen, kudu's, jakhalzen, springbokken, impala's en vleermuisvossen zijn altijd in het park te vinden. Tijdens het regenseizoen van december tot april komen oryxantilopen, olifanten en duizenden zebra's het park binnen. Struisvogels en talloze vogelsoorten dragen bij aan de game-kijkervaring.

Omdat veel dieren tijdens het regenseizoen werpen, bijvoorbeeld springbokken in december en zebra's in maart/april, zijn er veel moeders en hun jongen te zien in de zoutpannen.

Een andere bekende attractie zijn de Baines Baobabs. Ze bestaan uit een groep van zeven grote baobabs aan de rand van de Kudiakam Pan. De bomen zijn ongeveer 1000 jaar oud en meer dan 20 meter hoog.

De ontdekker en schilder Thomas Baines schilderde de bomen in 1862 en maakte ze bekend. Vandaar dat de bomen naar hem vernoemd zijn. Omdat de bomen extreem langzaam groeien, neemt de stamomtrek met 1 mm per jaar toe, foto's en foto's van vandaag tonen vrijwel hetzelfde tafereel als 100 jaar geleden.

De beroemde IMAX-film 'Roar: Lions of the Kalahari' is opgenomen in het Nxai Pan National Park.

Infrastructuur en toerisme in het Nxai Pans National Park

Het Nxai Pans National Park is iets beter toegankelijk dan het Makgadikgadi Pans National Park. Het park is het hele jaar door geopend en is alleen toegankelijk voor 4x4-voertuigen, aangezien de wegen erg zanderig zijn. Tijdens het droge seizoen zijn de wegen redelijk goed begaanbaar, maar tijdens het regenseizoen worden ze een uitdaging.

Het Nxai National Park biedt geen mogelijkheden om benodigdheden te kopen. Er zijn geen tankstations en geen restaurants. Het dichtstbijzijnde tankstation is in Gweta, ongeveer 65 km verderop. Reizigers naar het park moeten volledig zelfvoorzienend zijn of een rondleiding boeken.

Het Nxai Pan Camp is gebouwd in 2009 en is de enige lodge in het park. Er zijn twee campings in het park: South Camp (met water) en Kudiakam Pan (geen water).

Nog een tip: Het is aan te raden om beide parken, het Makgadikgadi en het Nxai National Park, in beide seizoenen (winter en zomer) te bezoeken. Zo worden de veranderingen in de natuur het beste zichtbaar. Als dat niet mogelijk is, moet je in

ieder geval wat tijd in beide parken
doorbrengen.

KGALAGADI TRANSFRONTIER PARK

Een gids voor het Kgalagadi Transfrontier Park

Kilometer na kilometer glooiende rode zandduinen, inheemse planten en bomen en kuddes rondzwervende antilopen, dit park is een van de meest fotogenieke en mysterieuze Zuid-Afrikanen. Het park beslaat bijna een derde van de Kalahari-woestijn en gasten die hier een bezoek brengen, maken een reis van hun leven mee terwijl ze deze droge en desolate plek verkennen.

Het park heeft een paar plaatsen waar gasten de basis kunnen inslaan, en zowel contant als met kaarten kunnen worden gebruikt om binnen het park te betalen. Het wordt aanbevolen dat bezoekers met een 4x4 voertuig reizen.

Het Kgalagadi Transfrontier Park ligt in de Noordkaap maar breidt zich ook uit naar Botswana. De westelijke grens van het park wordt gedeeld met Namibië en het is een behoorlijke rit om er te komen vanuit elke grote stad.

KORTE GESCHIEDENIS

De Kalahari-woestijn is de belangrijkste attractie van het park, in feite is er geen park zonder de woestijn. De woestijn beslaat meer dan 900.000 vierkante kilometer en heeft een ruw, meedogenloos klimaat. De woestijn, de thuisbasis van allerlei soorten dieren en mensen, is een fantastische bestemming, met een ongelooflijk diverse en interessante geschiedenis.

Het park is vernoemd naar de eerste

mensen die naar de noordelijke Kalahari konden reizen en grotendeels in vrede leefden met de oorspronkelijke bewoners van het gebied, de Khoi-bevolking. Deze oorspronkelijke mensen woonden niet voor altijd in het gebied, maar hun nalatenschap werd bezegeld toen het park naar hen werd vernoemd. Zelfs de naam van de Kalahari-woestijn is ontleend aan een Kgalagadi-woord voor zoutpannen of "het grote dorstige land", namelijk Makgadikgadi. Vanaf deze vroegste geschiedenis, via oorlogen en veel politieke onrust, werd het park officieel uitgeroepen in 1931.

De noodzaak om het kostbare ecosysteem in de Kalahari-woestijn te behouden werd opgemerkt en twee natuurbeschermers werkten hard om het park uitgeroepen te krijgen. Behalve dat de woestijn werd opgenomen in wat nu het Kgalagadi Transfrontier Park is, werden ook verschillende boerderijen rondom het park opgenomen.

Over de grens werd in 1938 een nationaal park uitgeroepen dat bekend zou worden als het Gemsbok National Park. Het Kgalagadi Transfrontier Park, een combinatie van de parken aan de kant van Zuid-Afrika en Botswana, werd officieel uitgeroepen in 2000.

OVER HET PARK

Hoewel Afrika een paar woestijnen herbergt, is de Kalahari met zijn gouden en rode zand een unieke plek met een ongeëvenaarde biodiversiteit. Al met al beslaat het park een afstand van 3,6 miljoen hectare en is daarmee een van de weinige beschermde natuurgebieden van deze omvang ter wereld. De droge rivierbeddingen, interessante vegetatie en natuurlijk die duinen bieden gasten de meest fantastische fotografische mogelijkheden.

De Kalahari is begrijpelijkerwijs een droge plaats met een jaarlijkse regenval van slechts 200 mm, meestal tussen de maanden januari en april. Het is bekend dat de zomertemperaturen extreem hoog kunnen oplopen tot 40 graden Celsius, terwijl de winterdagen ongelooflijk koud kunnen zijn met temperaturen die dalen tot onder nul. Het is belangrijk om ervoor te zorgen dat je goed inpakt voor de tijd van het jaar dat je van plan bent te bezoeken.

Het Kgalagadi Transfrontier Park ligt ongeveer 250 km van Upington, de dichtstbijzijnde grote stad, terwijl het 904 km van Johannesburg en 1000 km van Kaapstad ligt.

Het park heeft geen interne, kunstmatige grenzen. De enige parkgrenzen zijn te vinden in het westen en het zuiden van het park. Dit gebrek aan grenzen bevordert het behoud, aangezien dieren tijdens het migratieseizoen ongehinderd zijn. De natuurlijke migratie wordt over het algemeen gevolgd door roofdieren, en dit is ook iets dat op natuurlijke wijze zonder grenzen mag doorgaan om de paden te blokkeren die dieren al eeuwenlang volgen.

De ideale manier om het Kgalagadi Transfrontier Park te zien, is door een paar dagen te boeken, zodat je genoeg tijd hebt om het te verkennen. Gezien de ligging is een dagbezoek simpelweg niet genoeg.

KGALAGADI TRANSFRONTIER PARK ACCOMMODATIE

Doordat het park zo ver van de grote steden ligt, is het vanzelfsprekend dat het park een groot aantal goede accommodaties biedt, geschikt voor alle soorten reizigers. Je kunt de meeste dingen in het park inslaan en er is ook een restaurant in het hoofdkamp van de parka. Het park heeft traditionele rustkampen, wilderniskampen en de !Xaus Lodge.

TRADITIONELE RUSTKAMPEN

Dit kamp biedt bezoekers een breed scala aan geweldige accommodatiemogelijkheden, die zijn ontworpen voor alle soorten budgetten en smaken. Dit is het grootste rustkamp van het park en het dient ook als het administratieve hoofdkantoor van het park. Het is gebouwd aan de oevers van de droge rivierbedding van de Nossob en er zijn verschillende activiteiten en faciliteiten beschikbaar. De camping heeft een winkel, tankstation, zwembad, informatiecentrum en receptie. Het kamp is de enige in het park met telefoonontvangst en 24 uur per dag elektriciteit.

Rustkamp spionnen

Dit rustkamp biedt ook een scala aan accommodatiemogelijkheden voor verschillende budgetten en smaken. Een deel van de accommodatie omvat campings, chalets en familiechalets. Het kamp is te vinden in de westelijke grens van het park, aan de oevers van de rivier de Auob en grenst aan Namibië. Gasten kunnen vaak giraffen in de buurt van het kamp spotten. Er is een winkel, tankstation, zwembad en receptie in de camping en daarnaast is er 16,5 uur stroom per dag.

Nossob rustkamp

Nossob Rest Camp heeft een aantal

cottages, campings en 2 guesthouses. Het is gebouwd op de droge rivierbedding en is beroemd geworden vanwege de waarnemingen van roofdieren. De camping heeft een winkel, tankstation, zwembad, informatiecentrum en een receptie.

KAMPEN IN DE WILDERNIS

Gasten die ervoor kiezen om in de Wilderness Camps te verblijven, moeten weten dat elk kamp beperkt is tot 8 personen om de exclusiviteit en rust van elk kamp te behouden. In de volgende kampen mogen geen kinderen onder de 12 jaar verblijven: Grootkolk, Gharagab, Bitterpan, Urikaruus, Kieliekrankie.

Wilderniskampen omvatten:

Bitterpan

Bezoekers moeten brandhout en hun eigen drinkwater meenemen en ze moeten er rekening mee houden dat er geen aanhangwagens zijn toegestaan.

Grote wervelwind

De camping heeft 4 chalets met elk 2 slaapkamers. Elk chalet heeft een badkamer, plafondventilator, keuken en veranda. Verder beschikken de chalets over bestek, servies, een koelkast, linnengoed en een braai. U kunt een gemeenschappelijke keuken delen. Gas wordt gebruikt voor het verwarmen van water, terwijl zonne-energie wordt gebruikt voor verlichting.

Kalahari-tentenkamp

Het kamp heeft een luxe woestijntent voor huwelijksreizen, 4 familietenten en 10 tenten met twee bedden. De tenten hebben een eigen badkamer, keuken en plafondventilator. Gas verwarmt het water van het kamp terwijl de verlichting wordt verzorgd door zonne-energie. Gasten kunnen afkoelen in het zwembad.

Kietelend wilderniskamp

Op dit kamp kunnen gasten verblijven in een van de drie duinhutten en er is ook een duinhut speciaal voor mensen met een beperkte mobiliteit. De hutten hebben 2 eenpersoonsbedden, een badkamer, een uitgeruste keuken en braaifaciliteiten. Gas en zonne-energie worden gebruikt om water te verwarmen, de koelkast draaiende te houden en voor verlichting te zorgen.

Urikaruus wildernis kamp

Het kamp heeft 4 hutten aan de rivier die

op palen staan en elke unit heeft 2 eenpersoonsbedden, een badkamer, een uitgeruste keuken en braaingfaciliteiten.

Gharagab-wilderniskamp

Het laatste wilderniskamp is alleen toegankelijk voor mensen met 4x4 voertuigen en heeft 4 blokhutten. Elke accommodatie heeft 2 eenpersoonsbedden, een badkamer, braaifaciliteiten en een volledig uitgeruste keuken.

!EINDE LODGE

De lodge is volledig geïsoleerd en zo ontworpen dat gasten kunnen genieten van de ongerepte schoonheid van het park. Het is gemaakt om op te gaan in het landschap en bestaat uit een luxe safarilodge met 24 bedden en rieten dak die eigendom is van de lokale gemeenschappen. De lodge kijkt uit op een zoutpan en heeft een uitkijkplatform waar gasten dieren kunnen bekijken. De lodge heeft ook een winkel en een dompelbad.

Wilderniswandelingen door de duinen worden aangeboden en er is ook de mogelijkheid om te genieten van een rit in de vroege avond of een rit na het eten. U kunt ook in contact komen met de lokale Bosjesmannen en meer te weten komen over hun unieke manier van leven.

KGALAGADI TRANSFRONTIER PARK FLORA EN
Flora
Omdat het een woestijnomgeving is, is de vegetatie vrij minimaal en her en der verspreid over het landschap. Struikenveld wordt vaak gezien, net als het doornige Kalahari-duinstruikveld.

Fauna

Hoewel het park grotendeels uit woestijn bestaat, leven hier een paar aan de woestijn aangepaste dieren. Gelukkige gasten kunnen leeuwen met zwarte manen, gemsbokken, mangoesten, wilde katten, wrattenzwijnen en allerlei soorten vogels spotten. Door de spaarzame vegetatie kunnen gasten verder in de verte kijken dan in andere parken.

HEER NATUURRESERVAAT

Het werd in 1994 opgericht door The Mokolodi Wildlife Foundation en bevindt zich op 20 vierkante kilometer gedoneerd land in het zuidoosten van Botswana, op slechts 22 kilometer van de hoofdstad Gaborone.

Mokolodi staat bekend om zijn uitgebreide wildobservatie en rivierachtig terrein afgewisseld met rotsachtige heuvels, met het pittoreske Lake Gwithian en aangrenzende picknickplaatsen.

Mokolodi biedt gamedrives, rondleidingen met gids, safari's te paard, het volgen van neushoorns en giraffen, wandelingen met getrainde olifanten en bezoeken aan cheeta's.

Het reservaat heeft ook een fokprogramma voor witte neushoorns en een natuurreservaat dat zieke of gewonde dieren in het wild ondersteunt.

Het natuurreservaat wordt bewoond door een grote verscheidenheid aan inheemse Afrikaanse wild-, vogel- en reptielensoorten, waarvan sommige zeldzaam zijn en met uitsterven worden bedreigd.

Het park is een populaire bestemming met safaritours en biedt tal van attracties en dieren in het wild voor koppels op een Botswana-huwelijksreissafari en groepen op een luxe safari.

Mokolodi herbergt ook kudu's, wrattenzwijnen, duikers, giraffen, steenbokken, zebra's, blauwe gnoes, gemsbokken, struisvogels, impala's, springbokken, waterbokken, bavianen, meerkatten, bergrietbokken, elanden, bosbokken, Afrikaanse aangespoorde schildpadden en luipaarden.

Meer dan 300 vogelsoorten zijn te vinden in Mokolodi, waaronder de kleine bijeneter, struisvogel, purperreiger en roodkuiftrap.

Verken de natuur en de wildernis via een begeleide wandeling, een authentieke en voordelige manier om Mokolodi te verkennen, inclusief wandelen met getrainde olifanten.

Bezoekers kunnen ook wandelen op de nabijgelegen Kgale-heuvel. De top van deze heuveltop biedt een prachtig uitzicht op de Gaborone-dam en het Mokolodi-natuurreservaat.

Bekijk ons artikel over de beste dingen om te doen in Botswana, met andere activiteiten, waaronder eco-

safariwandelingen met lokale
bosjesmannen.

Hoe bereik je het Mokolodi-natuurreservaat?

MET HET VLIEGTUIG:

De belangrijkste luchthaven van Botswana,
Sir Seretse Khama International Airport
(GBE), ligt 11 kilometer ten noorden van de
hoofdstad Gaborone.

Touroperators zullen bezoekers daar
ontmoeten en verder vervoer naar het
natuurreservaat regelen of bezoekers
kunnen een 4×4 ophalen op de luchthaven
voor een self-drive safari.

Voor bezoekers die zich afvragen hoe ze in
Botswana kunnen komen, kunt u vliegen
naar de luchthavens Maun (MAU),
Gaborone (GAB) of Kasane (BBK). Een

Botswana-visum en bepaalde vaccinaties kunnen ook nodig zijn om het land binnen te komen.

OP DE WEG:

Op slechts 22 km van Gaborone en ook populair bij gasten uit het naburige Zuid-Afrika vanwege de ligging aan de grens, evenals toeristen die uit de Verenigde Staten komen met Johannesburg op 5 uur rijden.

De toegangsprijs voor Mokolodi Nature Preserve is USD $ 1 per persoon. Toegangsprijs park van USD $ 5,30 per voertuig per dag.

De Pula (BWP) heeft een kleine hoeveelheid Botswaanse valuta bij zich en is handig bij het betalen voor kleinere etenswaren of kaartjes.

Wanneer bezoekers het reservaat betreden, moeten ze de regels van gezond verstand volgen, waaronder het ophalen van afval, het respecteren van de reserveschema's en indien nodig in het voertuig blijven.

Accommodatie bij Creditor

Mokolodi heeft een verscheidenheid aan accommodaties, waaronder chalets en voordelige campings.

Mokolodi Nature Reserve biedt gasten accommodatie in vijf goed uitgeruste chalets met eigen kookgelegenheid met uitzicht op een waterpoel in het reservaat, evenals campings en een kamp.

Creditor natuurreservaat chalets

- 2 x Eenpersoonskamer/Klein Chalet (2 volwassenen, maximaal 1 kind)

- 3 x Tweepersoonskamer/Standaard Familiechalet (2 volwassenen, maximaal 4 kinderen)
- De chalets zijn uitgerust met serviesgoed, bestek, linnengoed, bushbraai (barbecue) met rooster, waterkoker, warmwaterboiler, ventilator, gasfornuis, koelkast en zitgedeelte/open haard buiten
- Opmerking: chalets zijn self-catering, gasten dienen hun eigen eten mee te nemen

Prijzen Standaard Familiechalet:

- Doordeweekse specials zijn te vinden voor USD $ 87 per chalet
- Weekend- of feestdagaanbiedingen zijn te vinden voor $ 120 per chalet
- Maximaal 4 volwassenen en 4 kinderen

McCall Smith-kamp

- Gebouwd met fondsen geschonken door de beroemde auteur Alexander McCall Smith en lijkt op een traditionele Tswana-woning met rieten daken.

- Self-catering gelegen in het zuiden van het reservaat, weg van de hoofdchalets, dit kamp biedt safari's van dichtbij en een unieke ervaring voor bezoekers
- Er worden 5 individuele hutten aangeboden, de reservering moet alle 5 eenheden bevatten
- Zelf koken, gasten dienen hun eigen beddengoed, eten en drinken mee te nemen.
- Het kamp heeft stromend water, toiletten, verwarmde buitendouches en een braaigedeelte.

Campings

- Er zijn 5 campingplaatsen beschikbaar (max. 8 gasten per camping)

- Self-catering, gasten dienen hun eigen eten, drinken en kampeeruitrusting mee te nemen.
- Toiletten zijn aanwezig, buitendouche, braai met rooster en wastafel

Prijzen campings

- Prijzen beginnen vanaf USD $ 11
- Instandhoudingsheffing: USD $ 5 per voertuig.
- Transfers naar campings: USD $ 5 & $ 2,10 voor het verwarmen van de douches

Mokolodi-restaurant:

Lunch, diner en late night maaltijden worden aangeboden, met pizza als specialiteit en vegetarische, veganistische opties.

Het restaurant scoort hoog voor sfeer en bezoekers kunnen ook dieren in het wild bekijken vanuit het comfort van hun tafel met zebra's en andere dieren waarvan bekend is dat ze dicht bij het restaurant ronddwalen.

Menu-opties omvatten varkenspoot, pizza, biefstuk, eisbein (ham spronggewricht), kudu, impala, patat, bier, koffie en meer.

BRUIKBARE INFORMATIE
Geografie

Gelegen op het zuidoostelijke puntje van het land grenzend aan Zuid-Afrika, is een reis naar Mokolodi gemakkelijk te doen door bezoekers uit Johannesburg en Zuid-Afrika.

Weer
De dagtemperaturen variëren van 21C/69F tot 30C/86F. De zomers zijn heet, maar de nachten zijn koel. In de winter zijn de dagen nog steeds warm, maar de nachten zijn

koud.

Neerslag is grillig, maar de meeste neerslag valt in de zomermaanden, tussen oktober en april.

BESTE TIJD OM MOKOLODI GR

Vanwege de aard van het reservaat is er niet echt een beste tijd om dieren in het wild te bekijken, zoals het geval is in de grotere reservaten die deel uitmaken van een ecosysteem.

De enige overweging is de toestand van de wegen. Als u zelf rijdt in het reservaat, is een 4×4 onmisbaar in het regenseizoen, van november tot april, en in het algemeen aanbevolen vanwege het wegdek.

Het reservaat sluit soms van december tot maart, dus het is raadzaam om te bellen voordat u erheen gaat.

Het is handig om te weten wat de beste tijd

is om Botswana te bezoeken, omdat dit van invloed kan zijn op safariprijzen en beschikbaarheid.

Met enkele van de beste parken en reservaten van Botswana op een gemakkelijke chartervlucht, worden reizen vaak gecombineerd met excursies naar de Okavango Delta en het Chobe National Park-ecosysteem.

GEZONDHEID

Mokolodi wordt beschouwd als een malariagebied met een laag risico, maar profylactica worden geadviseerd. Bezoekers die het gebied betreden, dienen hun arts te raadplegen over antimalariamiddelen.

MOREMI SPELRESERVE

100 jaar nadat ontdekkingsreiziger David Livingstone dit land 'land vol rivieren' noemde, werden het milieu en de natuur in het Moremi-gebied bedreigd. Het is vanwege de gedurfde, lokale Batawana-bevolking dat dit gebied in 1963 werd uitgeroepen tot Moremi Game Reserve, waardoor Moremi het oudste en eerste beschermde reservaat van de Okavango Delta is.

Het Moremi Game Reserve bestond aanvankelijk grotendeels uit het Mopane Tongue-gebied, maar in de jaren 70 werd het koninklijke jachtgebied, bekend als Chief's Island, toegevoegd. Laten we nog een paar feiten over dit gebied delen om het goed te introduceren. De Moremi is de thuisbasis van de meest bedreigde soorten grote zoogdieren: de cheeta, witte neushoorn, zwarte neushoorn, Afrikaanse wilde hond en leeuw. Meer dan 500 vogelsoorten (van watervogels tot bosbewoners) en meer dan 1.000 plantensoorten worden ook erkend in de Moremi. Dit ecosysteem behoort tot de rijkste van Afrika. En dankzij een goede bescherming is de flora en fauna relatief ongestoord.

Als teken van dankbaarheid is het reservaat vernoemd naar leden van de Batawana-stam, Chief Moremi III en zijn vrouw. Nu is het Moremi Game Reserve een van de meest diverse reservaten met overal verrassingen, zelfs voor de meest doorgewinterde Afrika-reizigers.

Overweegt of plant u een reis naar het Moremi Game Reserve? Het wordt een onvergetelijke reis. Voordat je in het vliegtuig stapt, geven we graag wat meer achtergrondinformatie. (Al was het maar om de verwachting van het gaan op te wekken!)

De kans is groot dat je veel vragen hebt; wat is de beste tijd om naar de Moremi te reizen? Wat moet ik inpakken? Maak je geen zorgen, maak je klaar om meer te ontdekken in de onderstaande secties. Gebruik ons contactformulier hieronder voor meer vragen.

Een opvallend aantal diersoorten, vogels en een divers landschap; een combinatie van mopanebossen, uiterwaarden, sprookjesachtige lagunes, papyrusrivieren en acaciabossen. Er is geen andere plek in Afrika waar zoveel ecosystemen naadloos samenvloeien.

Wacht je op die speciale aanbieding, eentje die voor jou op maat gemaakt lijkt? Veel

Moremi-lodges bieden kortingstarieven bij een verblijf van drie nachten of meer. Onze Moremi-deals bieden een uitstekende prijs-kwaliteitverhouding, dus we hopen je snel te zien in het prachtige Botswana!

KHAMA RHINO SANCTUARY

Het Khama Rhino Sanctuary (KRS) biedt de mogelijkheid om zwarte en witte neushoorns te bekijken, evenals een overvloed aan andere diersoorten.

KRS ligt op slechts 20 km van het historisch belangrijke dorp Serowe en is zeer toegankelijk voor reizigers. Dit project voor gemeenschapstoerisme, beheerd en bemand door lokale dorpsbewoners, biedt game drives, vogels spotten, boswandelingen en kunst- en handwerkwinkels. Het heeft ook een onderwijscentrum waar veel jonge kinderen uit heel Botswana naartoe komen voor milieueducatie.

KRS, opgericht in 1989 vanwege de groeiende bezorgdheid over de toen escalerende prevalentie van neushoornstroperij in Botswana, is de thuisbasis van de met uitsterven bedreigde zwarte en witte neushoorn. Ooit overvloedig aanwezig in Botswana, stonden deze vreedzame reuzen begin jaren tachtig op de rand van lokaal uitsterven, ondanks het feit dat ze sinds 1922 een beschermde status kregen.

Onder leiding van de Bangwato Paramount Chief, luitenant-generaal Seretse Khama Ian Khama, en andere natuurbeschermers, kwamen de mensen van Serowe op het idee om een toevluchtsoord te vormen om de resterende neushoorns in Botswana te beschermen en hen hopelijk een toevluchtsoord te bieden om zich voort te planten en in aantal te groeien. De KRS introduceerde de eerste vier witte neushoorns opnieuw in het Chobe National Park in 1992. Nog acht neushoorns kwamen uit de North West National Parks in Zuid-Afrika. De zeer bedreigde zwarte neushoorn werd in 2002 opnieuw geïntroduceerd.

De gok loonde, en beide soorten doen het goed, onder het toeziend oog van het personeel van het opvangcentrum en de Botswana Defense Force (BDF), die constant patrouilleren in de omtrek van het opvangcentrum.

Tot op heden heeft KRS 35 witte neushoorns en dient als bron voor hun herintroductie in het Moremi Game Reserve, de Makgadikgadi, het Northern Tuli Game Reserve en elders. En - tot grote eer van het KRS-personeel - de mannelijke en vrouwelijke zwarte neushoorns hebben gepaard, en de eerste baby zwarte neushoorn van het reservaat werd geboren in 2008!

Het belangrijkste instandhoudingsproject van Khama Rhino Sanctuary is het neushoornfokprogramma. Tot op heden heeft het reservaat 16 neushoorns verplaatst naar verschillende plaatsen in het land van een oorspronkelijke populatie van vier dieren. Het langetermijndoel van het Sanctuary is om de neushoorns veilig binnen zijn grenzen te laten broeden en ze opnieuw te introduceren in hun natuurlijke wilde leefgebieden. De neushoorns in het reservaat worden beveiligd door patrouilles tegen stroperij, uitgevoerd door de parkwachters en de Botswana Defense Force.

CONCLUSIE

IK HEB TOT DE CONCLUSIE GEKOMEN DAT
HET BOEKEN KOPEN EN HET LEZEN TWEE
VOLLEDIG VERSCHILLENDE DINGEN SAMEN
ZIJN. BEDANKT VOOR HET KOPEN EN
TEGELIJKERTIJD TIJD TE BESTEDEN OM
INFORMATIE IN DIT BOEK TE VERKRIJGEN.
GOD ZEGENT ONS ALLEMAAL.

OVER DE AUTEUR

EMAIL: aarasheedmohammed@gmail.com

www.ingramcontent.com/pod-product-compliance
Lightning Source LLC
Chambersburg PA
CBHW070917220526
45467CB00004B/1437